मन दर्पण

A Book of Social Media Stories

~Ms

किताब के बारे में...

यह किताब एक संग्रह है उन भावनाओं का, उन जज्बातों का, उन एहसासों का, जो कि एक वयस्क के उम्र काल, यानी कि 18 से 25 वर्ष तक की उम्र के बीच, अलग-अलग घटनाओं के घटित होने पर उत्पन्न होते हैं।

आमतौर पर एक आम आदमी के अंतर मन की जो बातें हैं, वो इस किताब की अलग-अलग रचनाओं में झलकती हैं। इसीलिए जब कोई पाठक इन रचनाओं को पढ़ेगा, तो कहीं न कहीं उसे ऐसा मेहसूस होगा कि ये हूबहू उनके मन की बातें कहीं गई हैं या कहने की कोशिश की गई हैं। वो बातें जो उनके मन में चल रही थीं, मगर किसी कारणवश वो सबके सामने, दुनिया के सामने व्यक्त नहीं हुईं। उन्हीं बातों को अपने शब्दों के ज़रिए कुछ रचनाओं के ज़रिए कहने की कोशिश की गई है। इसीलिए एक व्यस्क के मन का प्रतिबिंब, साहित्य के माध्यम से दर्शाती इस किताब का शीर्षक "मनदर्पण" रखा गया है।

उम्मीद है कि इस किताब को पढ़ने के बाद पाठक अपने मन की प्रति और सहेज हो जाएंगे, अपने मन की प्रति और जानकार हो जाएंगे, और उन भावों से स्वयं का और इस सृष्टि का कल्याण करेंगे और इसे और बेहतर बनाएंगे।

शायद इन रचनाओं के माध्यम से उनकी समस्या आसन हो सके या हल हो सके। इन सभी मंगल कामनाओं के साथ मैं अपने व्यस्क काल की पूंजी, ये किताब "मनदर्पण," आपको सौंपता हूं।

"आंखों को भी ना जानें, कैसा मंज़र चाहिए
जो मन बना ही नहीं, उस मन का दर्पण चाहिए।..."

ये कहानी है एक लड़के की जो की बचपन से ही संयुक्त परिवार में पला-बढ़ा। आस-पास माँ और पिता के अलावा तरह-तरह के रिश्तों के बीच इसकी परवरिश हुई, जैसे की दादा-दादी, बड़े पापा, बड़े मम्मी, चाचा-चाची, और बहुत से भाई-बहन। लड़का जन्म से पतला-दुबला था, काफ़ी फुर्तीला, आत्मविश्वास से भरपूर, और विद्यालय की अनेक गतिविधियों में अव्वल रहने वाला था।

लेकिन... हादसे वक़्त बेवक़्त जैसे जीवन बदल देते है वैसा ही एक हादसा उस बच्चे के बचपन में हुआ। तब जब वो लगभग दूसरी या तीसरी कक्षा में रहा होगा। एक जानलेवा हादसा जिसने न केवल शारीरिक बल्कि मानसिक तौर पर भी उसे काफ़ी क्षति पहुंचाई। उस हादसे से उभरने मैं या यू कहे की ज़ख्म भरने में लगभग उसे दो - तीन साल लग गए। इलाज के दौरान लगभग दो से तीन साल तक स्कूल ना जाने के कारण और लोगो या सोशल जगहों से दूर रहने के कारण वो लोगो से मिलना जुलना भूल गया। उसे लोगो का सामना करने में जीझक और परेशानी होने लगी और चुकी काफी दवाइयों और इलाज से उसके शरीर में कई बदलाव हुए जिसमे की मोटापा एक सबसे बड़ा बदलाव था। वो लड़का उस बड़े हुए मोटापा से काफी परेशान था। इतनी कम उम्र में बड़ी मोटी तोंद उसके इस हुलिये के चलते उसका स्कूल में काफी मजाक उड़ाया जाता था। वो एक हसी का पात्र बनके रह गया जिसके चलते उसका आत्मविश्वास गिरते चला गया।वह रेस में या दूसरी शारीरिक गतिविधियों मै भी पिछड़ने लगा। कहीं तो एक समय था कि वो रेस या दूसरी खेल कुद की गतिविधियों मे पहले या दूसरे स्थान पर आता था और अब हालात ये थे की रेस की स्टार्टिंग लाइन पर खड़े रहने की भी हिम्मत न थी।

उसने इस मोटापे को कम करने की कोशिशें शुरू कर दीं।

जीवन समय के चक्र के साथ आगे बढ़ता गया। अब वो दसवीं कक्षा में पहुंच गया। वहीं, अभी तक तो वो अपने माता-पिता के साथ अपने पिता के पैतृक घर में दादा-दादी के साथ रहता था। वहां उसे दादा-दादी का लाड़-प्यार मिलता रहता और आस-पास कई रिश्तों के बीच रहने की उसे आदत हो गई थी। अब परिवार की जरूरतें और बढ़ने के कारण वह अपने माता-पिता और भाई के साथ उसी शहर में एक नए घर में पलायन कर गया। यहां नए वातावरण में ढलना उसके लिए आसान नहीं था। शुरू-शुरू में वो रोज अपने पिता के साथ शाम को अपने पहले वाले घर चले जाता था, इससे उसके मन को तृप्ति, राहत मिल जाती और सबसे मिलने का मौका भी। अब ये उसकी आदत बन चुकी थी और इसी आदत के चलते अंततः उसे अपने मोटापे से छुटकारा पाने की तरकीब भी सूझी।

उसने अपने पिता की बजाए अकेले पैदल जाना शुरू कर दिया ताकि इस बहाने रोज सबसे मिलना भी होता रहे और पैदल चलने से वजन भी कम होता रहे। कुछ दिन तक सब ठीक चला। चूंकि उस लड़के को आस-पास के लोग जानते थे और उसके अपने दोस्त भी थे, तो कोई न कोई घर से निकलते ही उसे लिफ्ट दे दिया करते थे। ऐसा करते-करते काफी टाइम निकल गया। उसके वजन में कोई सुधार नहीं दिखा। वह सोचता रहा कि मैं तो रोज घर से निकलता हूं और मंजिल तक पहुंचता भी हूं, पर फिर भी मैं अपने कार्य में सफल नहीं हो पा रहा हूं। तब उसे ये बात समझ में आई कि केवल मंजिल पर पहुंचना आवश्यक नहीं है। अगर सफल होना है तो मंजिल के साथ-साथ जिस मकसद के लिए निकले हैं, उसे भी पूरा करना उतना ही जरूरी है जितना कि मंजिल पर पहुंचना। ये बात कहने में तो काफी सरल लगती है पर समझने में नहीं और जब समझ में आती है तब सफलता दूर नहीं रहती।

उसके बाद उसने दोस्तों को बहाने दिए। लोगों को लिफ्ट के लिए मना किया और दूसरे नए और बड़े रास्तों के जरिए वो पैदल ही अपने पहले घर तक पहुंचता था। कुछ समय में ही असर दिखना प्रारंभ हुआ और एक नियमित समय के बाद वो अपने इरादों में सफल हुआ।

जैसा कि इस कहानी में लड़के का अपना मकसद था और एक मंजिल थी। वैसे ही हम सब मनुष्यों का जन्म भी एक मकसद से होता है। हम पूरी कोशिश करें कि हम एक अच्छी मंजिल पर पहुंचे, पर उसके साथ हमारे जीवन का जो मकसद है, वो भी पूरा करें, अन्यथा हम मंजिल पर पहुंचकर भी सफलता या संतोष नहीं महसूस कर पाएंगे या खुश नहीं रह पाएंगे।

अब एक सवाल ये भी आता है कि अपने मक़साद को पहचानें कैरो। तो इसका उत्तर मुझे ये लगता है कि ईश्वर का एक अंश (जीवात्मा) हम सब के अंदर हमारे मन/हृदय के रूप में स्थित है। जिस प्रकार हम अपने चेहरे को दर्पण में देखकर उसे संवारने की कोशिश करते हैं, वैसे ही अपने मन को उसके दर्पण में देखने की कोशिश करें, ताकि हम उसकी खूबी और खामियां समझ सकें, और हम उस पर काम करके उसे और बेहतर बना सकें। मन को दर्पण में देखना का तात्पर्य मन को पढ़ने से है, मन के बारे में सोचने से है, उसके साथ वक्त गुजारने से है। जब मन सक्षम हो जाएगा तो वही हमें अपना मकसद बतलाएगा और मन ही हमें अपने मकसद तक ले जाएगा।

एक मन के दर्पण का उदाहरण ही है यह किताब - "मन दर्पण"।

विषय-सूची

खो सी गई है ज़िंदगी, कहीं गुम सी गई है ज़िंदगी

खो सी गई है ज़िंदगी
कहीं गुम सी गई है ज़िंदगी।

कहीं मंज़िल में तो कहीं मकसद में
कहीं खुशी में तो कहीं दुख में
इस बचपने को भुलाने में
तो कहीं बड़े होने की ख्वाहिश में
खो सी गई है ज़िंदगी
कहीं गुम सी गई है ज़िंदगी।

प्यार में तो कहीं तकरार में
तेरे मेरे इस इकरार में
बस तेरे एक ख्याल में
तेरे एक चेहरे पे
ठहर सी गई है ज़िंदगी
खो सी गई है ज़िंदगी
कहीं गुम सी गई है ज़िंदगी।

कहीं घरों में, तो कहीं बाज़ारों में
बिक सी गई है ज़िंदगी
किसी राह में, तो किसी के इंतज़ार में
बीत सी गई है ज़िंदगी

खो सी गई है ज़िंदगी
कहीं गुम सी गई है ज़िंदगी।

बीते हुए लम्हों की कसक में
आने वाले पलों को संवारने में
गुज़र सी गई है ज़िंदगी
खो सी गई है ज़िंदगी
कहीं गुम सी गई है ज़िंदगी।

निभाते निभाते जो बिखरे हैं
उन रिश्तों का बोझ उठाने में
कहीं दब सी गई है ज़िंदगी
खो सी गई है ज़िंदगी
कहीं गुम सी गई है ज़िंदगी।

गीता के सार में
तो कहीं बच्चों की पुकार में
बस सी गई है ज़िंदगी
खो सी गई है ज़िंदगी
कहीं गुम सी गई है ज़िंदगी।

खत्म ये कहानी करने
धरती का कर्ज चुकाने में
माटी में मिल सी गई है ज़िंदगी
खो सी गई है ज़िंदगी
कहीं गुम सी गई है ज़िंदगी।

खो सी गई ज़िंदगी... कहीं गुम सी गई है ज़िंदगी।।

सपने में तो सपने में उन्हें देखा इस तरह

सपने में तो सपने में, उन्हें देखा इस तरह
के जिस तरह हमें उन्हें देखना पसंद है।

आधी आस्तीन चढ़ी हुई, बालों से ढका चेहरा आधा
बाल भी वैसे बने हुए, जिस तरह हमें देखना पसंद है।

पैरों में जूते बंधे हुए, कंधों पे बस्ता टंगा हुआ
देखा यूनिफॉर्म पहने हुए, जिस तरह हमें देखना पसंद है।

कलाई में कड़ा सरकता हुआ, उंगली में अंगूठी सजते हुए
देखा दूजे हाथ में फोन थामे हुए, जिस तरह हमें देखना पसंद है।

कान पर से बाल हटाते हुए, बंधे बालों से रबर निकालते हुए
देखा, फिर उसी को हाथ में पहने हुए, जिस तरह हमें देखना पसंद है।

मुंह फुला के मुंह बनाते हुए, चेहरे पर अदाएं रखे हुए
देखा चेहरे को फिर धूप से खिलते हुए, जिस तरह हमें देखना पसंद है।

कानों में साधी बाली पहने हुए, दांत दिखाकर हंसते हुए
देखा फिर हाथों से हंसी छुपाते हुए, जिस तरह हमें देखना पसंद है।

ख्वाहिश है कि कुछ देर और देख ले उन्हें इस तरह
पर सपना टूट गया, जिस तरह नींद को जागकर तोड़ना पसंद है।

फिर वही रात हो, फिर वही ख्वाब हो
फिर उन्हें देखें इस तरह,जिस तरह हमें देखना पसंद है।।

बेरूखी तो देखी मेरी सबने मगर

बेरूखी तो देखी मेरी सबने मगर
किसी ने बेबसी न जानी मेरी।

बेअसर करके जितनी ताकतें समेटी थीं
एक तेरे ख्याल ने, बयां कर दी कमजोरी मेरी।

प्यार का सफ़र खत्म होने की कगार पर है।
ये जानकर, और बदतर हो जाती है हालत मेरी।

नज़रों में सबकी खुद को गिराते चले जाएंगे
के दिखेगी अब सबको, सिर्फ गलतियाँ मेरी।

जिस दिन तुझे आखिरी अलविदा कहेंगे
बस उसी दिन टूट जाएगी, सारी उम्मीदें मेरी।

बचा ही नहीं कुछ बताने को अब जीवन में
एक तुझ पर ही खत्म हो गई, पूरी कहानी मेरी।।

चार बरस हर एक मौसम देखा है (शहर)

चार बरस हर एक मौसम देखा है
उस शहर को बड़े करीब से देखा है।

सवेर से सांझ होने तक देखा है
आसमान को रोज रंग बदलते देखा है।

हवाएं पहचानती थीं, झोंके सलाम करते थे
बस की खिड़की से मैंने, सारे शहर को देखा है।

सर्द में होठों से उठता धुआं देखा है
रात में अलाव तापते, दोस्तों को जमा होते देखा है।

राह में तेरे नाम की दुकान, अस्पताल आने पर
खुद को सजदे करते हुए देखा है।

नज़र जहां तक जाए, वहां तक रास्तों को देखा है
पैदल चलकर उन्हीं रास्तों को, मैंने नापकर देखा है।

शहर को मैंने रिश्तों की तरह देखा है
चार लोगों के जाने से, शहर को पराया होते देखा है।।

एक ख्याल खूबसूरत मेरा

एक ख्याल खूबसूरत मेरा
उस ख्याल पर भी है राज तेरा।

वो ख्याल क्या है-

मैं बैठा तुझे करीब लिए हुए
अंधेरी रात में जुगनू लिए हुए
आंखों में तेरी आंखें लिए हुए
अनकही सी कश्मकश लिए हुए
मैं बैठा तुझे करीब लिए हुए
तेरी रेशमी जुल्फों को बिखेरते हुए
छोटे हाथ उसके अपने हाथों में लिए हुए
कपकपाते होठों पर ठिठुरन लिए हुए
के तुझे महसूस किए हुए

मैं बैठा तुझे करीब लिए हुए...

मेरे ख्याल में उसका आना हुआ

फिर ख्याल में मुझे उसका ख्याल हुआ
आते ही उसका कहना हुआ
नहीं है अपने बीच कुछ ऐसा
जो मेरा ख्याल बताता है
नहीं है उसमें कोई जज़्बात ऐसे
जो मेरा ख्याल बताता है

नहीं हूँ मैं वो शख्स
जो उसका दिल धड़काता है
मैं सब गलत समझता हूँ
वो ये इल्जाम लगाता है
नहीं है अपने बीच कुछ ऐसा
जो मेरा ख्याल बताता है।

इस तरह ख्याल मेरा ओझल हो जाता है
और मेरे ख्याल पर भी तेरा राज हो जाता है।

मैं अफसोस नहीं करता, कभी जिक्र नहीं करता
पर ऐसा तो नहीं है कि तेरी फिक्र नहीं करता।
तू राज़ी नहीं है बस इसलिए कुछ नहीं करता
मगर ऐसा तो नहीं है कि मैं प्यार नहीं करता।
अधूरा ही सही, ये ख्याल तेरा ही सही
मगर ऐसा तो नहीं कि मैं इस ख्याल की हसरत नहीं करता
और इस तरह ख्याल मेरा, हसरत में तब्दील हो जाता है
और मेरे ख्याल पर भी तेरा राज हो जाता है।

एक ख्याल खूबसूरत मेरा
उस ख्याल पर भी है राज तेरा।।

धूला यूँ उड़ता रहा पुराने रखे सामान से
(कमरा)

धूला यूँ उड़ता रहा पुराने रखे सामान से
जैसे यादें टहल रही हों उनकी कही आँखों में।

जब भी बैठते हैं, दिल को इतना सख्त किए बैठते हैं
आंसू जेहन से उतर न आए कहीं आँखों में।

कुछ टूटा पुराना सामान इसलिए फिर सजा के रख देता हूँ
चुनिंदा दिन ही बाकी हैं इनके, इन दीवारों में।

इस शहर में जो मेरी बस्ती है, ये मेरी जो छोटी हस्ती है
जो बचा सकूं इसको खुद से, तो कहीं ठहरूं मैं।

इन दीवारों के बीच एक और बेहतर किरायदार आएगा
चलें जाते हैं तुझे छोड़के, हम इस उम्मीद में।

तन्हाइयों के संग मिलके, जो किरदार रचे हैं तूने मेरे
सभी विलुप्त हो जाएंगे, दुनिया की इस भीड़ में।।

हिस्से-दर-हिस्से में रद्दी में बिकता रहा

हिस्से-दर-हिस्से में रद्दी में बिकता रहा
यादें ज्यों की त्यों, मगर घर में जगह करता रहा।

चुपके-चुपके कुछ अज़ीज़ चीज़ों को देखता रहा
तस्वीरें, शायरी घर में कहीं छुपाता रहा।

हौले-हौले खोलूंगा अब कुछ राज़ सबके सामने
के सामान छुपाने को अब कोई, कमरा बाकी न रहा।

मिलते-मिलते रह गई कुछ चीज़ें अपने मालिकों से
अब मेरे पास पड़े-पड़े, ये सामान फ़िज़ूल बनता रहा।

पांव लगने पर जिन कॉपी किताबों को चूमा करते थे
आज उनको 8 रुपे प्रति किलो में, बिकते देखता रहा।

टूटी-फूटी चीज़ें जो कभी जीती, तो कभी खरीदी थीं मैंने
आज सबकी सबको मैं, तराज़ू पर तौलता रहा।

उम्र को मेरी ज़रा कुछ और बढ़ जाने दो
एक रोज मैं भी दिखूंगा तुम्हें, रद्दी के मानिंद जलता हुआ।।

ज़िक्र करना भी ज़रूरी था

मेरा ज़िक्र करना भी ज़रूरी था
उसका मुकरना भी ज़रूरी था
जिंदा दोनों को रहना था
इसलिए भूलना भी ज़रूरी था।

हंसी वो ही ही... वाली
अदा जुल्फ़ों को संवारने वाली
उसकी हर अदा से वाकिफ था मैं
पर एक हक ना था– २
इसलिए ख़ामोश रहना भी ज़रूरी था
और इसी ख़ामोशी से– २
उसके सारे फैसले निभाना भी ज़रूरी था।

कुछ शरमाया सा था मैं
कुछ घबराई सी थी वो
शायद इस ज़माने का डर था
मगर जब उससे नज़रें मिलीं– २
तो हमारा मुस्कुराना भी ज़रूरी था
और हमारी इस मुस्कुराहट पर– २
ज़माने का चिढ़ाना भी ज़रूरी था।

वक्त की रेत थी
किस्मत की लिखावट थी,
उसके हर एक सिलसिले को
इतेफाक समझकर– २

मिटाना भी ज़रूरी था
कुछ एहसास दिल में जिंदा थे, इसीलिए– २
बयां करने को शायरी का बहाना भी ज़रूरी था।

मेरा ज़िक्र करना भी ज़रूरी था
उसका मुकरना भी ज़रूरी था
जिंदा दोनों को रहना था
इसलिए भूलना भी ज़रूरी था।।

तेरा नाम लबों पर रहता है ऐसे

तेरा नाम लबों पर रहता है ऐसे
के अभी-अभी कोई धुन चढ़ी हो जैसे।

बीते लम्हे ज़ेहन में रहते हैं ऐसे
के पैदल चलकर कोई रास्ता, नापा हो जैसे।

कहना हैं..., तुझे लिखना है ऐसे
के हूबहू दिल ने सोचा हो जैसे।

तेरे कहे वचन निभाए हैं ऐसे
मानो प्रेम में वनवास, किसी ने काटा हो जैसे।

रह गई भीतर मेरे, अनकही बातें ऐसे
मुसाफ़िर कोई एक शहर में, बस गया हो जैसे।

सुन सुनके उतारा, तुम्हें एक धुन के जैसे
चढ़ गए... फिर तुम, कोई नई धुन हो जैसे।।

इंसान दीवारों में कैद कहाँ है

इंसान दीवारों में कैद कहाँ है
खुद से मिलने पर पाबंदी कहाँ है।

सफर में मिला, जितनों से भी मैं... पूछा सबने,
जिससे मिलना था, वो शख़्स कहाँ है।

किस बात पर ताली देना, किस बात पर मुस्कुराना है
मुलाक़ात का अब, ये बोध कहाँ है।

कैसे बने है संशय, मन में हार के
विजय होने के, दृण निश्चय कहां है।

ये भ्रम है मुझको कि ये ज़ंजीर, मैं तोड़ नहीं सकता
वरना बांध सकने की मुझको, इन बेड़ियों में क्षमता कहाँ है।

मिलन के विपरीत है, नियति के फैसले तो क्या
सिया राम सी मिलन की, आंस कहाँ हैं।

घर को लौटकर आ गए, राह के कांटे देखकर
अभी तो श्रीराम का वनवास, जीया ही कहाँ है।।

मिलन की बात चलें तो

मिलन की बात चलें तो, कितना उतावले नजर आते हैं
समंदर किनारे छोड़ देता है, तो आसमान बादल लांघ आते हैं।

मालूम होता है रोशनी में, कितना बाकी है वो शख्स मुझमें
कि परछाई में मेरी अब भी, उसके साए नज़र आते हैं।

गुजरा हवा के जैसे कितना, ठहर ठहर के वो शख्स मुझमें
के किरदार में मेरे अब भी, उसके अंदाज़ नज़र आते हैं।

रेत को बतलाते हैं- 'जो क़रीब हैं जितने, उतना ही दूर भी हो जाते हैं।'
खेल लहरों के सारे, इस नियम के पाबंद नज़र आते हैं।

मिलन की बात चलें तो, कितना उतावले नजर आते हैं
समंदर किनारे छोड़ देता है, तो आसमान बादल लांघ आते हैं।।

मुझे इंतज़ार है तो उस चाँद का

बस मुझे इंतज़ार है तो उस चाँद का
वो आएगा और इस जहां को चांदनी मिलेगी
मेरे खाली पड़े कागज़ों को – २
बिखरी हुई नीली स्याही मिलेगी।

बस मुझे इंतज़ार है तो उस चाँद का...

घास की चादर पे पैरों को ठंडक मिलेगी
फव्वारे में जब झिलमिल रोशनी मिलेगी
अंधेरे आसमान में जब सफेद चांदनी घुलेगी
तब हर उदासी को एक नई खुशी मिलेगी।

बस मुझे इंतज़ार है तो उस चाँद का...

तन्हाइयों में जब गीतों की आवाज़ पड़ेगी
मानो हर आशिक को जैसे उसकी मोहब्बत मिलेगी
बग़ीचों के सूने झूले भी जब बातों से सजेंगे
तब सूखे पड़े पत्तों को भी यारों की महफ़िल मिलेगी।

बस मुझे इंतज़ार है तो उस चाँद का...

जब सुबह होगी सबकी आंखों में नींदे होगी
सबके पास काम पर जाने की मजबूरी होगी
मचलती शामों से सबको थकावट होगी
फिर आएगी चांदनी जब हर चेहरे पर मुस्कुराहट होगी।

इसलिए मुझे इंतज़ार है तो उस चाँद का...

बस मुझे इंतज़ार है तो उस चाँद का
वो आएगा और इस जहां को चांदनी मिलेगी
मेरे खाली पड़े कागज़ों को – २
बिखरी हुई नीली स्याही मिलेगी।।

कौन माथा चूमेगा अब (दादीजी)

कौन माथा चूमेगा अब, कौन गले लगाएगा
कौन करेगा लाड़-दुलार, कौन डांट से बचाएगा।

कौन करेगा तैयारी सारी, कौन आयोजन कर बुलाएगा
कौन त्योहार रखेगा याद, कौन उत्साह के साथ मनाएगा।

कौन पहला फोन कर आशीर्वाद भिजवाएगा
कौन जन्मदिन की बधाई देकर, ढेर पकवान बनाएगा।

कौन देगा तड़के का हिसाब, कौन नमक की मात्रा बताएगा
कौन परोसेगा पुचकार के, कौन प्रेमभाव से खिलाएगा।

कौन देगा सफलता की बधाई, कौन निराश होने पर समझाएगा
कौन करेगा विरोध गलत होने पर, कौन सही सबक सिखाएगा।

कौन तारीखें रखेगा याद, कौन पार्सल से उपहार भिजवाएगा
कौन पूछेगा हालचाल सबका, कौन रिश्ते निभाएगा।

कौन सुनाएगा किस्से अब, कौन स्वाभिमान सिखलाएगा
कौन परंपरा से जोड़ेगा अब, कौन रीति-रिवाज़ बतलाएगा।।

कदम-कदम पर जाले लगे हैं (पिता का पैतृक घर)

कदम-कदम पर जाले लगे हैं
बरसों से उस घर पर ताले लगे हैं।

निकलती नहीं अब बात किसी बात पर
बटवारे से सबके मुँह पर ताले लगे हैं।

रोशनी भी अब दस्तक नहीं देती वहाँ
खिड़कियों, दरवाजों पर भी ताले लगे हैं।

पहरा लगा रहता है यादों का हर वक्त
हिम्मतों पर भी सबके ताले लगे हैं।

कद नापा करते थे जिन चोखटों से
उन्हीं दरवाजों पर आज ताले लगे हैं।

सरकारी कागजों पर पता अब भी वही है।
भूल गए हैं सब कि, उस घर पर ताले लगे हैं।

पहले शाम पड़े चक्कर लगाकर आते थे
जाते थे देखने कि, सही से घर पर ताले लगे हैं।

अबकी बार जाएंगे तो एक-एक कोना देखकर आएंगे।
आगे न जाने कब तक उस घर पर ताले लगे हैं।।

सलीका-ए-ज़िंदगी

हर इत्तिफाक नजरअंदाज किए जा रहे हैं
हम सलीका-ए-ज़िंदगी सीखते जा रहे हैं।
तुझे भी देखकर हैरानी होगी ऐ दुनिया
तेरे दिए जख्मों पर हम, नमक छिड़के जा रहे हैं।

के हम सलीका-ए-ज़िंदगी सीखते जा रहे हैं
हर इत्तिफाक नजरअंदाज किए जा रहे हैं...

होठों पर मुस्कुराहट, नज़र पर नज़र
के हम शामों-ओ-सहर बस तुझे देखे जा रहे हैं।
बेहतर है, वक्त रहते रुख़सती दे दे हम
के लोग इसे फिर, मोहब्बत का नाम दिए जा रहे हैं।

के हम सलीका-ए-ज़िंदगी सीखते जा रहे हैं
हर इत्तिफाक नजरअंदाज किए जा रहे हैं...

उठते, चलते, खाते और सोते जा रहे हैं
ज़िंदगी हम तुझे एक सांचे में ढालें रहे हैं।
खुद को और बेहतर बनाने की आस में
ज्ञान की रोशनी से खुद को तपाए जा रहे हैं।

के हम सलीका-ए-ज़िंदगी सीखते जा रहे हैं
हर इत्तिफाक नजरअंदाज किए जा रहे हैं...

जो हैं, उसे नजरअंदाज किए जा रहे है

जो न आने वाला है, उसका इंतजार किए जा रहे है।
व्यर्थ की व्यस्तता के चलते
जीना है जिसे, उसी जीवन को टालें जा रहे है।

के हम सलीका-ए-ज़िंदगी सीखते जा रहे हैं
हर इत्तिफाक नजरअंदाज किए जा रहे है।।

बड़ा बेबस सा होता है

बड़ा बेबस सा होता है
जब इंसान नाकाम सा होता है।

दिन तो पूरे होते हैं
मगर ख्वाब अधूरे रहते हैं
नींदें कहाँ हैं रातों में
सभी तो सुबह में सोते हैं
फिर भी सुबह के सपने
कहाँ किसी के सच होते हैं
जगना फिर सबको होता है
इसलिए सपनों का टूटना होता है
इसी तरह जब खुली आंखों में
मंजर खाली सा होता है।

बड़ा बेबस सा होता है
जब इंसान नाकाम सा होता है।

तमाम काम बाकी रहता है
फिर भी वो आलस में रहता है
ऐशो-आराम खूब है मगर
फिर भी मन थकान में रहता है
तैयारियां हैं कोशिशें भी
अनुकूल हैं परिस्थितियाँ भी
हासिल हैं सफलताएं भी
फिर भी विवश सा होता है

पहुंच गया मंजिल पर तो
पर मकसद अब भी अधूरा सा होता है।

बड़ा बेबस सा होता है
जब इंसान नाकाम सा होता है।

जो भागा, मिली उसको माया भी
जो ठहरा, भोगा उसने सुकून भी
चुना जिसने जो, उसी हिसाब से पाया भी
पा लेने पर, मगर फिर क्यों
मन बदल सा जाता है
बाहरी धक्का नहीं है कोई
मृगतृष्णा के चलते ही, मन गति में आता है
भागते-भागते फिर थक कर
खुद से ही रुक जाता है
इस तरह न्यूटन का पहला सिद्धांत
इंसानों के लिए ख़ारिज हो जाता है
और इसके चलते जब वो, असंतुलित सा होता है

बड़ा बेबस सा होता है
जब इंसान नाकाम सा होता है।।

इस ख़ामोशी के पीछे कोई राज़ नहीं है

इस ख़ामोशी के पीछे कोई राज़ नहीं है
वो शख़्स कहे ही क्या, साबित जो कुछ कर पाया नहीं है।

उतर आते हैं चेहरे पर रंग इसके
नाकामयाबी ये चेहरा छुपा पाया नहीं है।

बहाने, ताने और नजरअंदाजी मिलेंगी
मिलोगे ज़माने से, तो ये जलील किए बिना रह पाया नहीं है।

वजह जरूरी लगने लगती है बड़े होने पर
केवल इच्छाओं के मुताबिक़ काम हो, अब वो बचपना नहीं है।

मेरी आदतों से मेरे होने का अंदाजा लगाया जाए
ना दिखे तो समझें कि, वो शख़्स इस दुनिया में अब रहा नहीं है।

जब जब टूटा तेरे हाथों का निशान रहा बाकी
जिंदगी ये निशान-ए-सबूत तुझसे मिट पाया नहीं है।

टूटेगी एक चीख से, या खामोशी से बयान होगी
जब होगा कुछ साबित, तो होगा क्या, ये सोचा नहीं है।।

(संदर्भ- मार्च - परीक्षाओं का महीना। परीक्षाएं किताबी भी और
जिंदगानी की भी। कई बार इनमें असफलता हमें खामोश कर देती,
आत्मसंदेह पैदा कर देती है जिससे हमारा भरोसा हम पर से ही उठ

जाता है - "The state of self-doubt"। लेकिन ये खामोशी टूटती है,
एक प्रक्रिया के चलते और वो प्रक्रिया होती है सही सोच को लाने की।)

रास्तों का मुश्किल होना जरूरी है

रास्तों का मुश्किल होना जरूरी है, ये जानने के लिए
कि बर्ताव कैसा होना चाहिए, मंजिलों पर आने के लिए।

सीढ़ियाँ बरक़रार रहने दो, संभलने के लिए
के गिरे जो आसमान से, तो ज़मीन पर आने के लिए।

अलमारी में संभालकर रखी, खर्च हो जाने के डर से
बाहर निकाली ही नहीं, जिंदगी मैंने जीने के लिए।

सब्र, समर्पण, सम्मान, स्वाभिमान और
और क्या-क्या लेगा ए वक्त, तू मेरे हिस्से में आने के लिए।

रखें नहीं नींव किसी और के आधार पर
निजी हो संघर्ष अपना, अपनी सफलता के लिए।

अपनी क्षमताओं का अंदाजा लगाने के लिए
चुनौतियाँ जरूरी हैं, अपना हुनर पहचानने के लिए।

ज़माने के मन में आई शंकाएं मिटाने के लिए
प्रतियोगिताएं जरूरी हैं, खुद को साबित करने के लिए।

कभी जो लगे कि क्षमताओं के परें है सफ़र
रखना याद एक मृगतृष्णा काफ़ी है, पार करने के लिए।।

वो जीत गए किसी की सलाह मानकर

वो जीत गए किसी की सलाह मानकर
हम हार गए दिल की बात मानकर।

और मुझे तुम्हारा इतना जानकर
करेगा कौन स्वीकार, अपना मानकर।

तेरे ख्यालों को इतना पवित्र पाकर
स्मरण करते हैं तुझे, ईश्वर मानकर।

तेरी यादों को महकी हुई खुशबू जानकर
छिड़कते हैं इन्हें खुद पर इत्र मानकर।

तेरे हाथों का छुआ हुआ शर्ट पहनकर
ओढ़ लेते हैं तुझे अच्छा शगुन मानकर।

उसकी कहलाई बातों को, पत्थर की लकीर मानकर
किया पार प्रेम को, एक वनवास मानकर।।

अमावस की रात का बहाना करके

अमावस की रात का बहाना करके
चाँद चले गया आसमान को सुना करके।

तुझे ना चाहने के ख्याल को टाल देते हैं
इत्तेफाक हर बार इशारा करके।

सही लग रहे थे सारे तुक्के मेरे
लगाए थे मैंने जो, तेरा नाम ले करके।

तेरे किसी और की अमानत होने तक
एक उम्र गुज़ार देंगे इंतज़ार करके।

कुछ कहेंगे नहीं अपने हक में मगर
तुम परख लेना हमें आजमा करके।

सच कह दो, यहीं एक आखिरी रास्ता बचा है
बहाने सब खत्म हो गए हैं, बयां करके।

गलत निगाहों से परखना छोड़ दीजिए उन्हें
जो आ चुके हैं अपनी गलती की, सजा भुगत करके।

हुनर आ गए हैं ज़माने के सामने अदाकारी करके
कलाकार हो गए हैं हम, इश्क में तमाशा करके।

देखा है मैंने मौकों पर प्रयास करके

हारे हैं हर दफा, तेरी ज़िद का सामना करके।
34

मना कर दिया जहाँ उम्मीदें तक लगाने से
ले आए वहाँ से भी एक यकीन बचा करके।।

तुम्हें चाहें, इस पर तुम राज़ी नहीं

तुम्हें चाहें, इस पर तुम राज़ी नहीं
किसी और को चाहें, इस पर उसूल राज़ी नहीं।

कहा नहीं किसी के आगे तुम्हें अपना
अब ख़ुद से भी ये ना कहें, इस पर ज़ुबान राज़ी नहीं।

नाराज़गी है बहुत उससे लेकिन
उसे नज़र से उतारने को, नयन राज़ी नहीं।

बच सकता था रिश्ता हमारा लेकिन
प्रयास करने को अब, आत्म-सम्मान राज़ी नहीं।

भूलना मुमकिन था उसे लेकिन
मुझे जो जोड़ते हैं उससे, वो इत्तेफाक राज़ी नहीं।

लगवाता सिफारिशें मैं भी, तुम्हारे अजीज़ लोगों से
पर इश्क में चापलूसी करने को, ईमान राज़ी नहीं।

तुम्हें चाहें, इस पर तुम राज़ी नहीं
किसी और को चाहें, इस पर उसूल राज़ी नहीं।।

बरकत कमाल की हो रखी है

बरकत कमाल की हो रखी है
बटवे में तेरी तस्वीर जो संभाल रखी है।

रखी है तेरी एक कॉपी मेरे पास
जिसमें हमने तेरी लिखावट संभाल रखी है।

शर्तें, कोई उम्मीदें नहीं हैं इश्क में मेरे
फिर भी तेरे इंतज़ार में, एक उम्र गुज़ार रखी है।

वादें तो कोई किए नहीं हमने लेकिन
तेरी बताई अच्छी आदतें, अपना रखी हैं।

यादें भी मेरे पास सारी धुंधली रखी हैं
हमने भी कहाँ कोई तस्वीर संभाल रखी है।

अब कैसे बता दूं क्या हुआ था उस वक्त
तुमने भी अब कहाँ वो, हरकतें ताज़ा रखी हैं।

कब किस मोड़ पर रास्ते अलग हो जाएँ
बिछड़ जाने की भी तैयारी, हमने कर रखी है।

लगा के तुमने जो छोड़ रखी है
बस उन्हीं आदतों में मेरी ज़िंदगी रखी है।।

आता हूँ, चला जाता हूँ

मेहमान हूँ कई गलियों का
आता हूँ, चला जाता हूँ
मुहाजिर हूँ कई दिलों का
आता हूँ, चला जाता हूँ।

आधा दिन दफ़्तर का
आधे दिन दुनियादारी निभाता हूँ
आधी रातें नींदों की
आधी रातों में ख्वाब सजाता हूँ
आधा चर्चा औरों का
आधे किस्से औरों के सुनाता हूँ
आधा सहारा लेकर फिर... बहानों का
मैं खुद से पूरा मिलने आता हूँ।

मेहमान हूँ कई गलियों का...

आधा याद पीछे का
आधा आगे का सोच घबराता हूँ
आधा बोझ ज़िम्मेदारी का
आधा समाज की उम्मीदों से थक जाता हूँ
आधा असर, नकारात्मक लोगों का
आधी बेफ़िजूल की बातों को दिल से लगाता हूँ
आधे, अधूरे, रूठे मेरे सपनों को
मगर फिर... समय दे करके मनाता हूँ।

मेहमान हूँ कई गलियों का...

जिंदगी के रंगमंच का
हर खेल खेलना चाहता हूँ
उम्र के अलग-अलग पड़ाव का
हर किरदार निभाना चाहता हूँ
अफसोस न रहे कुछ छूट जाने का
इसलिए हर बार अलग किरदार में आता हूँ, चला जाता हूँ
बिताता हूँ शहरों में सफर जीवन का
त्योहारों पर लेकिन मैं, अपने गांव चला जाता हूँ।

मेहमान हूँ कई गलियों का
आता हूँ, चला जाता हूँ
मुहाजिर हूँ कई दिलों का
आता हूँ, चला जाता हूँ।।

(सन्दर्भ - जीवन अपने आप को और बेहतर बनाने के लिए मनो
इंसानों से कह रहा हो -
· अपने आप को प्राथमिकता दें
· अपने आप को समय दें, अपने सपनों को समय दें।
· उन स्थानों पर निरंतर आते-जाते रहें जहाँ आप अच्छा महसूस करते
हैं।
अन्यथा हम अधूरे रह जाएंगे... अपने ही जीवन में एक मेहमान की
तरह।)

अंतर्मन का युद्ध (दौर बदल गए, परिभाषाएँ बदल गईं)

(दौर बदल गए, परिस्थितियाँ बदल गईं
और उनके चलते कई परिभाषाएँ बदल गईं...)

वीर अब केवल सिपाही नहीं
जंग केवल अब सरहदों पर नहीं
अंतर्मन है ललकार रहा
रुक जाए युद्ध ये संभव ही नहीं
अंतर्मन का है युद्ध यहीं
है लगाव इसकी एक कमजोर कड़ी
घायल सोच, ज्ञान कमजोर पड़ा
यकीन की हो रही परीक्षाएं नई।

अंतर्मन का है युद्ध यहीं...

(जो परिभाषाएँ बदलीं तो क़ायदे बदल गए
जो क़ायदे बदले तो रणनीतियाँ बदल गईं...)

गहरी साँसें शंखनाद बनी
ध्यान मुद्रा हुई है ये रणभूमि
भय चिंताओं ने चक्रव्यूह है रचा
अर्जुन की एकाग्रता तब एक सिख बनी
अब कोई किसी के साथ नहीं
अस्त्र-शस्त्र केवल हथियार नहीं

यत्न-प्रयत्न सब कर देख लिया
बिना युक्ति के जीत संभव ही नहीं।

अंतर्मन का है युद्ध यहीं...

(जो रणनीतियाँ बदलीं, तो तैयारियाँ बदल गईं।
जो तैयारियाँ बदलीं, तो परिणाम बदल गए...)

प्रणाम भी है सिर्फ प्रहार नहीं
राम नीति भी है सिर्फ राजनीति नहीं
तूणीर में शामिल जब हर तीर होगा
समंदर रहेगा तब कोई बाधा नहीं।
कोई शहीदी कोई खूनखराबा नहीं
किसी भी पक्ष में कोई मातम नहीं
जीते तो प्रमाण उम्दा चरित्र देगा
और स्वयं से हार की होगी कोई निराशा नहीं।

वीर अब केवल सिपाही नहीं
जंग केवल अब सरहदों पर नहीं...
अंतर्मन है ललकार रहा
रुक जाए युद्ध ये संभव ही नहीं
अंतर्मन का है युद्ध यहीं।।

हासिल जो कर ली मैंने, वो इच्छाएँ बदल दी
(मृगतृष्णा)

हासिल जो कर ली मैंने, वो इच्छाएँ बदल दी
मैं भागा फिर जिसके पीछे, मन ने वो दौड़ बदल दी।

खाली रही खरीदने पर, मैंने जेबें टटोल दीं
बरकत जब हुई तो, ख्वाहिशों ने जेब बदल दीं।

परीक्षा ली रास्तों ने और मेरी काबिलियत बदल दी
राह में पड़ी परछाइयों ने, मेरी पहचान बदल दी।

लगा रहा मन उम्र भर शौक में
अब सिर चढ़े जुनून ने, सारी दिलचस्पी बदल दी।

रंगों से यूं तो कोई वास्ता न था मगर
ज्यों कोई रंग आया पसंद, तो उसने अपनी रंगत बदल दी।

बेमन गुजरा किस्सा ज़िंदगानी का
अब जीने लगे किरदार तो, उसने कहानी बदल दी।

दी नहीं सजा ईश्वर ने, कोई गलतियों की मुझे
जहां मैं था गलत, वहां उसने बस मेरी राय बदल दी।

अब कहाँ लगेगा, कहाँ जाकर रुकेगा
मन ने अब कहीं ठहर जाने की, चाहत ही बदल दी।।

नज़रअंदाज़ी के लिए..., नज़र में रहते थे
वो दौर कमाल था, जब हम एक ही शहर में रहते थे।

---x---

मुलाकातें अब जताती हैं दूरियां तुझसे
बस यही सोच के, कम कर दिया मिलना तुझसे...

---x---

आज फिर उन गलियों में रखेंगे कदम
जहाँ धड़कनें कदमों से ज्यादा तेज चला करती हैं।

---x---

क्या लगता है तुम्हें, क्या किया जाए...
इश्क़ को अपने अंदाज़ से होने दे... या कुछ कोशिश की जाए।

---x---

इशारे वो सारे इंकार के करती रही
जुर्रत मैं कैसे फिर इज़हार की कर लेता।

तेरी बताई हुई अच्छी आदतें निभा रहे हैं
हम अपने हिस्से की मोहब्बत निभा रहे हैं।

---x---

बिना सौदेबाजी के... एक उम्र दी मोहब्बत में
मोहब्बत तो हासिल हुई नहीं पर, हासिल हुआ बहुत कुछ मोहब्बत में।

---x---

कितना इतराते हैं देखने पर बिलकुल तुम्हारी तरह... २
ये हसीन नज़ारे जो लगते हैं बिलकुल तुम्हारी तरह।

---x---

प्यार बढ़ाने का ये रास्ता भी बंद कर रखा है।
सुना है उसने किसी का, झूठा खाना भी बंद कर रखा है।

---x---

तुम नहीं चाहोगी तो नहीं करेंगे
तुम्हारे खिलाफ़ जाकर, तुमसे मोहब्बत नहीं करेंगे।

---x---

तुम रहे ही नहीं सामने आँखों के
सजा हमने भी रखी थी मोहब्बत आँखों में...

---x---

एक बहाना है, जो अब मुझे बनाना है
हार जाने का इल्ज़ाम, क़िस्मत पर लगाना है।

---x---

क्षमताओं की सीमाएँ नहीं
कहाँ ठहरना है, इसकी समझ होनी चाहिए...

---x---

खुली आंखों से देखे हैं ख्वाब मैंने
अब नींद भी आए तो सोया नहीं जाता।

---x---

देखना वो भी होगा जो देखा न जाएगा
जब नजरें होंगी तैयार, तब जाकर मनपसंद मंज़र आएगा।

---x---

दुआ जब ये होगी के मुझे, तू चाहिए
तब खुदा भी मुझे वो नहीं, तू चाहिए।

---x---

कागज़ों में ही अटके रहे गए, मेरे कई बेहतरीन शेर...
सिर्फ इस दहशत में, कि ज़माने में तेरा नाम रुसवा न हो जाए।

---x---

मुद्दतों बाद जब हम तेरी गली आएंगे
हवाओं से रखना वास्ता, ये तुम तक मेरी खबर पहुंचाएंगे...

---x---

बेनकाब न कर जाए मुखौटा, चेहरे से उतर करके
लोग देखते रहते हैं आईना, बार-बार ठहर करके।

---x---

एक रोज वो भी उस नज़र को ढूंढेंगे
जो नजरें हर वक्त उन्हें ढूंढा करती थीं...।

---x---

तेरे नाम के आगे मेरी, तेरे नाम के पीछे जी लगाऊं
ज़माने के सामने, तुझे इस नाम से आवाज़ लगाऊं।

---x---

संजीदगी मेरी राज़ी नहीं होती, किसी को दगा देने को
और आवारगी मेरी इजाज़त नहीं देती, किसी से इश्क करने को...

---x---

तेरी मौजूदगी और तेरी गैर-मौजूदगी, दोनों में मेरा हाल देखा जाए
तब जाकर तेरे न होने पर, मेरी मायूसी का अंदाजा लगाया जाए।

---x---

बोझ एक बूंद का तब मालूम हुआ
एक आँसू जब इन आँखों से दूर हुआ।

---x---

प्रहार करने से पहले प्रणाम कर लेता हूं।
जो समंदर लांघना हो, तो राम-नीति का इस्तेमाल कर लेता हूं।

---x---

जो अपनी गलतियों की सज़ा स्वयं मांगते हैं
वो मर्यादा पुरुषोत्तम श्रीराम कहलाते हैं।

---x---

खयालों के सिलसिले बंद न हुए
उड़े तो आसमान के रास्ते बंद न हुए।
रहा दाना-पानी, आशियाना एक तरफ
अपना उड़ना, उड़ के जाना, मनमानी करना बंद न हुए।

---x---

ये कैसे बता दूं मैं
कहाँ कितना किसके हिस्से में हूँ मैं
पानी में कुछ देर ठहरा था प्रतिबिंब मेरा
वक्त ने गिराया एक पत्थर, अब फिर से हलचल में हूँ मैं।

---x---

कुछ रिश्ते गुमनामी के होते हैं।
ना बातों से, ना मुलाकातों से होते हैं।
खास होते हैं ऐसे रिश्ते जो
आँखों से और होठों की मुस्कुराहट से होते हैं।

---x---

www.ingramcontent.com/pod-product-compliance
Lightning Source LLC
Chambersburg PA
CBHW031246130726
47988CB00008B/3258